全国技工院校公共课教材

中华优秀传统文化

学习指导与实践

《中华优秀传统文化》编写组 编

中国劳动社会保障出版社

图书在版编目（CIP）数据

中华优秀传统文化学习指导与实践 /《中华优秀传统文化》编写组编 . -- 北京：中国劳动社会保障出版社，2022

ISBN 978-7-5167-5762-8

Ⅰ. ①中… Ⅱ. ①中… Ⅲ. ①中华文化 – 技工学校 – 教学参考资料 Ⅳ. ① K203

中国版本图书馆 CIP 数据核字（2022）第 254740 号

中国劳动社会保障出版社出版发行

（北京市惠新东街 1 号 邮政编码：100029）

*

北京华联印刷有限公司印刷装订 新华书店经销

787 毫米 × 1092 毫米 16 开本 4.75 印张 94 千字

2022 年 12 月第 1 版 2024 年 11 月第 7 次印刷

定价：12.00 元

营销中心电话：400-606-6496

出版社网址：http://www.class.com.cn

http://jg.class.com.cn

前言

党的二十大报告指出，中华优秀传统文化源远流长、博大精深，是中华文明的智慧结晶。二十大报告强调，以社会主义核心价值观为引领，发展社会主义先进文化，弘扬革命文化，传承中华优秀传统文化，满足人民日益增长的精神文化需求，巩固全党全国各族人民团结奋斗的共同思想基础，不断提升国家文化软实力和中华文化影响力。

技能人才一直是中华优秀传统文化的重要创造力量。《周礼·冬官考工记》说："百工之事，皆圣人之作也。烁金以为刃，凝土以为器，作车以行陆，作舟以行水，此皆圣人之所作也。""圣"的繁体为"聖"，上半部左边是耳，右边是口，就是既善用耳，又善用口，本义是通达事理。《周礼·冬官考工记》将发明制造刀具、陶器、车、船的人视为通达事理、才智过人的圣人，向用双手缔造华夏文明的工匠表达了敬意。

新时代的技能人才要按照党和国家的要求，不忘本来、面向未来：全面学习中华优秀传统文化，深入了解历史长河中辉煌灿烂的物质文明、深邃睿达的思想智慧、淳朴敦厚的民俗民风，从而坚定文化自信，激发爱国热忱，树立技能成才、技能报国的理想。

本套教材深入贯彻党的二十大精神和习近平总书记关于推动中华优秀传统文化创造性转化、创新性发展的指示精神，以传承中华优秀传统文化为出发点，以践行社会主义核心价值观为着力点，使传统文化结合时代要求，绽放穿透历史的光彩，展现历久弥新的魅力。

本套教材包含《中华优秀传统文化精选》《中华优秀传统文化学习指导与实践》《中华优秀传统文化精选诵读与欣赏》，分别作为技工院校传统文化课程的课本、学习和实践活动用书、诗文诵读材料。各册框架结构一致，均分为“匠作传芳”“先贤启智”“佳节呈祥”三个单元，每单元由四课组成，每课一主题。“匠作传芳”展示从古至今能工巧匠的精妙工艺和非凡创造；“先贤启智”解析先人在长期社会实践中归纳总结的思想方法；“佳节呈祥”介绍传统节日的风俗习惯，展现各地的风物人情。各单元内容以文化知识为核心，融合历史故事和经典名篇诵读，落脚于中华优秀传统文化在新时代焕发的生机。

为准确反映文化内涵，契合技工院校教学实际，教材编写由高校专家领衔、技工院校一线教师参与的团队负责。在编写过程中，北京师范大学的刘敏对本套教材进行了认真审读，并对相关内容进行了补充完善，在此表示感谢。

多层面的人员搭配，令产出的内容丰富而实用，使本套教材既适用于技工院校开学第一课，也适用于相关选修课和晨晚读，还可作为第二课堂教学或自学的材料。教材应用场景的拓展，能帮助中华优秀传统文化更充分地浸润青年学生心智、涵养技能人才精神。

光荣属于劳动者，幸福属于劳动者。希望未来的大国工匠，熏陶于文化，鉴古而知今，继承中华民族自强不息、厚德载物的优秀品质，传承古代工匠精益求精、勇于创新的进取精神，立志高远，守正笃实，以汗水和智慧为社会主义现代化建设，为中华民族伟大复兴做出自己的贡献，赢得精彩的人生！

目录

壹 匠作传芳

先贤启智

佳节呈祥

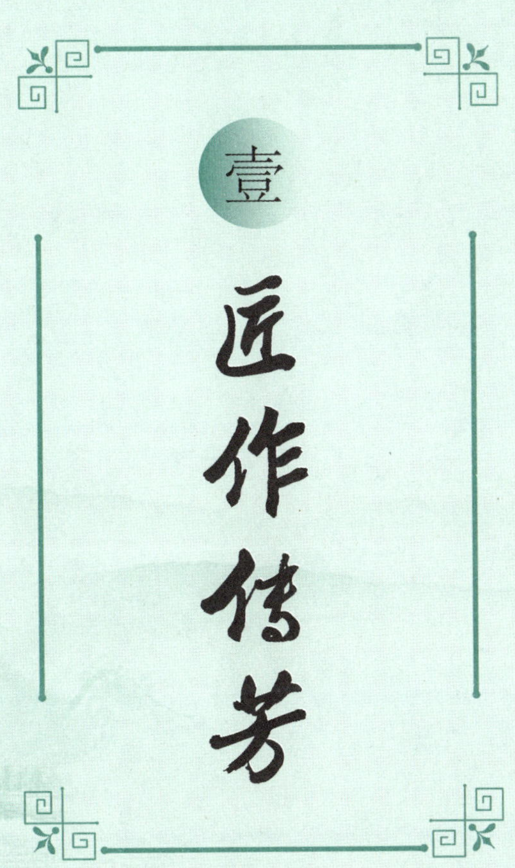

壹 匠作传芳

长城万里

一、励志砺学　知行合一

请从下面 6 个学习任务中至少选择 2 个并完成。

学习任务一：话说长城

长城，又被称作万里长城，是我国古代的军事防御工程。长城的修筑始于春秋战国时期，历经十余个朝代，持续两千余年。历代长城随着不同的地形和地貌而筑，大都建在山岭最高处，长达万余千米。2012 年 6 月 5 日，国家文物局公布调查、认定的历代长城总长度为 21 196.18 千米，分布在北京、天津、河北、山西、内蒙古、辽宁、吉林、黑龙江、山东、河南、陕西、甘肃、青海、宁夏、新疆 15 个省、市、自治区，包括长城墙体、壕堑、单体建筑和相关设施等长城遗迹 43 721 处。现存的长城遗迹主要为修筑于 14 世纪的明长城。气势雄伟的长城，是世界历史上伟大工程之一，已被列入《世界遗产名录》。

（一）活动规则

1. 查阅资料，搜集跟长城有关的历史文化故事，分享展示。

2. 4~6 人为一组，进行故事分享，选取 1~2 个历史文化故事，完成一份可在全班分享展示的 PPT，要求图文并茂。

3. 每组选举一名代表进行分享。

4. 评选出最佳故事分享小组。

（二）活动提示 / 活动成果

至少搜集一个跟长城有关的历史文化故事，然后合作完成 PPT。

学习任务二：了解长城建构

长城是由城墙、敌楼、烽火台等多种防御工事组成的一个完整的防御体系。长城的主体部分是绵延万里的高大城墙，大部分建造在山岭的最高处，沿着山脊把山势勾画出蜿蜒而清晰的轮廓，像是气势磅礴、奔腾飞跃的巨龙。后来，长城成了我们中华民族的象征。万里城墙上分布着上千座关隘、成千上万座烽火台，让绵延的城墙不再单调，使得高低起伏的地形充满艺术魅力。

（一）活动规则

1. 查阅资料，搜集长城各防御工事的名称和功能，完成一份讲解稿。

2. 4~6 人为一组，组内分享长城防御工事名称和功能，完成一份长城防御工事展示 PPT，要求图文并茂。

3. 每组选举一名代表进行分享。

4. 评选出最佳分享小组。

（二）活动提示 / 活动成果

参考以下示例，至少搜集长城一种防御工事的名称和功能，然后合作完成 PPT。

示例：墙身

长城的墙身是城墙的主要部分，由外檐墙和内檐墙构成，内填泥土碎石。墙身平均高度为 7.8 米，有些地段高达 14 米，山冈陡峭的地方修筑得比较低，平坦的地方修筑得比较高；军事意义重大的地方修筑得比较高，一般的地方修筑得比较低。墙身是防御敌人的主要部分，总体厚度较大，基础厚度也有 6.5 米。墙上地坪宽度平均为 5.8 米，能够保证两辆辎重马车并行。

学习任务三：我是长城小导游

长城气势之雄伟、工程之浩繁，堪称世界奇迹。岁月流逝，当我们登上长城，不仅能够目睹盘踞在群山峻岭之上的长城那雄伟的姿态，而且能够领略中华民族创造历史的智慧。

长城也是我国重要的文化旅游资源，每年都有世界各地的游客慕名而来，最具吸引力的旅游景点包括八达岭长城、嘉峪关长城等。

（一）活动规则

1. 查阅资料，搜集长城遗址中著名的旅游景点，完成一份导游讲解 PPT。

2. 4~6 人为一组，组内进行“我是小导游”讲解活动，要求声情并茂。

3. 每组选举一名代表进行旅游景点讲解展示。

4. 评选出最佳讲解小组。

（二）活动提示 / 活动成果

参考以下示例，至少搜集一个旅游景点，然后合作完成 PPT。

示例：八达岭长城

八达岭长城是明长城中保存最好、最具代表性的一段。它位于北京市延庆区，是明代京城的屏障。此地居高临下，地势险要，古人曾有“居庸之险不在关，而在八达岭”之说。八达岭是古代的交通要冲，经居庸关出八达岭，便可通向延庆、宣化、张家口等地，道路从此四通八达，故而才把此处称为“八达岭”。

八达岭关城始建于明弘治十八年（1505），嘉靖、万历年间修葺。关城平面呈东窄西宽的梯形，东、西两面各设“居庸外镇”和“北门锁钥”城门一座。城墙下部砌石条，上部筑砖墙马道，高低不一，平均高度为 7.5 米，墙顶马道一般宽度为 5.5 米，可容 5 马或 10 人并行。外沿筑垛口墙，墙上设瞭望孔和射孔，用以瞭望和射击敌人，内侧筑平头宇墙。

城墙之上每隔 100 米设敌楼一座。敌楼上下两层，下层用于驻兵、储藏粮秣和弹药，上层用于瞭望、射击和举烽报警。

学习任务四：保护长城，从我做起

长城是我们中国人的骄傲，是中华民族精神的象征，更是人类文明发展史上的一个奇迹。然而万里长城的现状却并不让人乐观。据调查，明长城明显可见遗迹的部分不到 30%，墙体依旧保留较好的部分不到 20%。因此，保护长城刻不容缓。

1984 年，党和国家的重要领导人写下了“爱我中华，修我长城”的题词，掀开了中国长城文化保护事业的崭新一页，也激起了无数海内外中华儿女保护长城的热情。今天，我们呼吁全社会关注万里长城，推动对长城的研究与保护。长城是中国的，更是世界的。让我们携起手来，共同爱护长城的一草一木、一砖一石。

（一）活动规则

1. 4~6 人为一组，查阅资料，完成一篇主题为“保护长城，从我做起”的文明旅游倡议书。
2. 设置展区，进行倡议书展示。

（二）活动提示 / 活动成果

参考以下示例，每组至少完成一份文明旅游倡议书。

示例：世界遗产，万里长城。爱我中华，守望和平。
护之爱之，携手与共。涂抹刻字，极不文明。
一草一木，一城一墩。长城遗存，文化之根。

学习任务五：不到长城非好汉

作为军事防御设施，万里长城早已完成了它的历史使命，兄弟民族之间也早已化干戈为玉帛。今天，人们把长城作为中华民族精神的象征，长城又具有了新的现实意义。

凝聚着劳动人民智慧和血汗结晶的万里长城，是祖先留给我们的丰厚的文化遗产，是屹立在中华大地上一座不朽的历史丰碑，是人类文明的骄傲。

（一）活动规则

1. 实地参观游览长城，拍摄记录游览过程，制作“长城游记”小视频。
2. 4~6 人为一组，组内召开长城游览分享交流会。
3. 每组选举一名代表进行“长城游记”小视频分享。

（二）活动提示 / 活动成果

每位同学完成长城旅游景点的观光游览，拍摄视频，完成“长城游记”小视频的制作。

学习任务六：搜集赞咏长城的诗句

“起春秋，历秦汉，及辽金，至元明，上下两千年”“跨峻岭，穿荒原，横瀚海，经绝壁，纵横十万里”。长城雄踞崇山峻岭，横亘塞北大漠，是中华民族一路走来艰辛奋斗的象征。它凝聚了中华民族自强不息的奋斗精神和真挚的爱国情怀。

几千年来，文人墨客为长城写下了许多不朽的诗篇：“青海长云暗雪山，孤城遥望玉门关”“天高云淡，望断南飞雁。不到长城非好汉，屈指行程二万”……这些诗篇写出了中华儿女建功立业的豪情和保家卫国的坚定信念。

（一）活动规则

1. 课前结合教材中王昌龄的《从军行（其二）》和李白的《关山月》，利用网络等资源搜集作者生平和写作背景，深度挖掘诗句内涵，探索长城带给我们的启示。
2. 课堂上以 4~6 人为一小组，在组内分享自己搜集到的资料，分享对长城的感悟。
3. 每组选出一位同学，代表小组在班上分享。
4. 在教室设置展区，展示活动成果。

（二）活动提示 / 活动成果

每位同学都要参考原文及作者生平和写作背景，深度挖掘诗句内涵，写出对长城的个人感悟。

诗句汇总表

诗句	
赏析	
感悟	

二、妙笔生辉　墨润心田

请完成以下字帖描红。

从军行（其二）

［唐］王昌龄

琵琶起舞换新声，
总是关山旧别情。
撩乱边愁听不尽，
高高秋月照长城。

关山月

［唐］李白

明月出天山，苍茫云海间。
长风几万里，吹度玉门关。
汉下白登道，胡窥青海湾。
由来征战地，不见有人还。
戍客望边色，思归多苦颜。
高楼当此夜，叹息未应闲。

运河春秋

一、励志砺学　知行合一

请从下面 6 个学习任务中至少选择 2 个并完成。

学习任务一：走近郭守敬

郭守敬（1231—1316），字若思，元代天文学家、水利专家和数学家。他受到元世祖忽必烈的赏识，不仅建造了天文台，参与制定了新历法，设计制造了多种天文仪器，还主持了自大都到通州的运河（白浮堰和通惠河）工程，修治了许多河渠。他的成就世所公认。

（一）活动规则

1. 以小组为单位搜集材料，整理郭守敬的生平及其贡献。
2. 填写“郭守敬成就表”和“郭守敬制造仪器表”。
3. 以小组为单位进行展示，可以将短视频、图片、PPT 等作为辅助手段。

（二）活动提示 / 活动成果

郭守敬成就表

年份	成就

郭守敬制造仪器表

年份	仪器

学习任务二：了解大运河的历史

京杭大运河是世界上开凿时间最早的人工运河，往前可以追溯到先秦时期。京杭大运河的修筑史集中体现了中国人民的勤劳智慧和悠久灿烂的中华文化。

（一）活动规则

请观看央视纪录片《大运河》，查阅相关图文资料，填写“大运河开凿过程表”，并向同学们图文并茂地介绍历代开凿运河的过程。

（二）活动提示 / 活动成果

大运河开凿过程表

朝代	开凿情况

学习任务三：“穿行”大运河沿线城市

京杭大运河北起北京，南至杭州，经北京、天津两市及河北、山东、江苏、浙江四省，贯通海河、黄河、淮河、长江和钱塘江五大水系，是贯穿南北的交通大动脉。数十座城市因大运河而兴。“穿行”大运河连通的重要城市，可以了解大运河的整体风貌。

（一）活动规则

准备一张中国地图，依次找到北京、天津、德州、济宁、淮安、扬州、常州、无锡、苏州和杭州等城市，描出大运河流经图。然后，搜集这些城市大运河景点的有关图文资料，填写“大运河景观表”，向同学们介绍大运河景点的历史、现状及文化价值。

（二）活动提示 / 活动成果

大运河景观表

城市	大运河主要景观

学习任务四：讲述大运河的故事

关于大运河的故事与传说是大运河文化的重要组成部分。它们多姿多彩、跌宕起伏，是我们走近大运河的重要方式。

（一）活动规则

阅读《大运河的传说》等图书及其他相关网络资料，总结其中 5 种故事类型。做出 PPT，在课堂上展示。

（二）活动提示 / 活动成果

大运河故事类型表

故事类型	主要情节

学习任务五：“我心中的大运河”演讲比赛

把所学知识系统化是提升思维水平的重要方式。通过课上学习和课下查找材料，同学们对心目中的大运河已经有了一个整体印象。参加“我心中的大运河”演讲比赛，可以进一步加深对大运河的了解，形成自己的独特观点。

（一）活动规则

1. 搜集、整理大运河相关的图书、网络资料，形成自己的观点。
2. 演讲要紧紧围绕一个主题，时长控制在 10 分钟以内。
3. 以小组为单位进行，可以使用短视频、图片、PPT 等辅助手段。
4. 由多名教师组成评委团，对各组演讲打分，并评定名次。

（二）活动提示 / 活动成果

“我心中的大运河”演讲比赛统计表

小组	演讲题目	评分	名次

学习任务六：“大运河的历史与文化”成果分享会

参观跟大运河有关的博物馆或者博物馆虚拟展厅，可以感受大运河的风貌、历史文化及其社会价值。

（一）活动规则

1. 参观跟大运河有关的博物馆或者扬州中国大运河博物馆的虚拟展厅。
2. 根据参观所得，制作“大运河的历史与文化”PPT 或者宣传短视频。

3. 举办“大运河的历史与文化”成果分享会。

（二）活动提示 / 活动成果

PPT 要图文并茂、结构清晰、内容丰富；短视频要内容简短，介绍清晰，生动有趣，时间控制在 1 分钟以内。

二、妙笔生辉　墨润心田

请完成以下字帖描红。

汴河怀古（其一）
［唐］皮日休
万艘龙舸绿丝间，
载到扬州尽不还。
应是天教开汴水，
一千余里地无山。

二月十二日达通州
［元］贡奎
河冰初解水如天，
万里南来第一船。
彻夜好风吹晓霁，
举头红日五云边。

华瓷浴火

一、励志砺学　知行合一

请从下面 6 个学习任务中至少选择 2 个并完成。

学习任务一：走近景德镇

景德镇及周边地区盛产瓷石、高岭土、釉果等制瓷原料 40 余种，高岭土的品质在国际陶瓷界享有盛名，用它制成的瓷器，代表着中国陶瓷制品的上等品质，闻名世界。因此，景德镇也被称为“瓷都”。景德镇瓷器闻名遐迩，有“白如玉，明如镜，薄如纸，声如磬”等特点，广受中外瓷器爱好者和收藏家追捧。青花瓷、玲珑瓷、粉彩瓷、色釉瓷，合称“景德镇四大名瓷”。

（一）活动规则

1. 2~3 人一组，分配任务，搜集关于“景德镇四大名瓷”的资料。
2. 组内汇报“景德镇四大名瓷”的特点和工艺，一名同学负责记录。
3. 结合小组搜集到的资料，完成下表，各组代表向同学们进行介绍。

（二）活动提示 / 活动成果

请将检索到的信息，归纳至下表。

“景德镇四大名瓷”资料汇总表

特点	创始年代	工艺特征	得名由来	代表作品

学习任务二：寻找瓷器珍宝

我国在世界上有“瓷之国”的美誉，早在新石器时代，我们的先祖就已经开始制作和使用陶器，并在此基础上，于商周时期创造出了原始瓷器。

青瓷是在我国最早出现的瓷器之一，因其表面均施有一层薄薄的青釉而得名。随着生产力的提高，瓷器种类更多了，用途更加广泛，造型和工艺更加多样化。

（一）活动规则

1. 4~6 人为一组，分别从博物馆、美术馆、网络等信息渠道搜集我国不同历史时期瓷器制品的图片，分析其特点，一名同学负责记录。

2. 将搜集到的图片和文字资料加以汇总整理，制作成 PPT 或短视频。

3. 各组选派一名代表，向同学们展示 PPT 或短视频，介绍不同时期瓷器制品的工艺特点、制作年代等知识。

（二）活动提示 / 活动成果

将小组成员搜集到的信息，汇总至下表。

资料汇总表

时期	地区	瓷器制品	工艺特点	图片或图片网址

学习任务三：展示精彩创意

瓷器的魅力是无与伦比的，无论哪个年代的哪种瓷器精品，都离不开周详精巧的设计。可以说，设计师是匠人，也是艺术家。

经过前面的学习，我们已经了解了很多不同年代、不同用途的瓷器精品，我们能否也试着设计一件属于自己的、独一无二的瓷器制品呢？

（一）活动规则

1. 尝试自己设计一件瓷制工艺品，画出图来。

2. 3~5 人一组，互相展示自己的设计草图，并简要介绍自己的设计理念。

（二）活动提示 / 活动成果

我的设计名称：
我的设计绘图：
我的设计理念：

学习任务四：感悟大师精神

自 1976 年以来，陶艺大师朱文立一直从事汝瓷研制工作，1987 年研制成功的汝官瓷天青釉，使失传数百年的汝官瓷再现于世。他是第三批国家级非物质文化遗产项目汝瓷烧制技艺代表性传承人，被誉为“青瓷第一人”。朱文立获得过多项荣誉，但他不骄不躁，不忘从业初心，坚守工匠精神。

（一）活动规则

1. 搜集陶艺大师朱文立的工作经历和主要事迹，简要概括。
2. 思考作为技工院校学生，我们能从陶艺大师朱文立身上学习哪些精神。
3. 用简洁的语句将自己的思考和同学们讲一讲。

（二）活动提示 / 活动成果

<table>
<tr><td>工作经历：
1.
2.
3.
4.
5.
6.
7.
8.
9.
10.</td></tr>
<tr><td>主要事迹：
1.
2.
3.
4.
5.
6.
7.
8.
9.
10.</td></tr>
<tr><td>对我的启迪：</td></tr>
</table>

学习任务五：吸纳智慧结晶

我国富有特色的工艺品品类繁多，精彩纷呈。比如景泰蓝，又称“铜胎掐丝珐琅”，因在景泰年间（1450—1456）广泛流行，制品又以深青色和浅天蓝色（略带绿）两种釉料最

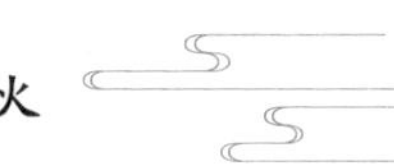

盛行，故得名景泰蓝。景泰蓝工艺繁复、外形精美，常被当作外交国礼赠送给各国友人。此外，刺绣、泥塑、木雕等，都是广为流传的特色工艺品，是我国传统手工艺文化的名片。

由于社会环境、地理环境、历史背景、风俗习惯等不同，各地的手工艺品也具有不同的特色。

（一）活动规则

1. 4~6 人一组，举例说说我国还有哪些宝贵的手工艺品。

2. 了解这些手工艺品的工艺特点和制作流程并在组内分享。

（二）活动提示 / 活动成果

请结合小组成员的发言和检索到的信息，完成下表。

资料汇总表

名称	工艺特点	制作流程	代表人物	代表作品

学习任务六：分享瓷器之美

瓷器是中国的一张亮丽名片，是中华文化的重要象征。为什么在英文中瓷器（china）与中国（China）同为一词？中国瓷器有哪些种类？分别有什么特点？如何欣赏瓷器之美？通过整理中国瓷器的相关信息，可以进一步了解瓷器，领略中国瓷器之美，唤醒、提升文化自信。

（一）活动规则

1. 查阅资料，了解瓷器的种类、造型、纹饰，并将相关资料整理成图文并茂的中国瓷器宣传小册。

2. 实地走访各地博物馆或进入博物馆网站，收集博物馆里珍藏的精美瓷器照片，领略中国瓷器之美，感受中国瓷器蕴含的厚重的文化底蕴。

3. 选择某博物馆珍藏的某件瓷器，从种类、造型、纹饰、落款等方面了解它，制作“我眼中的 ×× 瓷器”PPT，介绍这件瓷器。PPT 要图文并茂、结构清晰、内容丰富。

4. 举办“我眼中的 ×× 瓷器”分享会，与班级同学分享这件瓷器之美。

（二）活动提示 / 活动成果

可以自由组成不超过 5 人的小组共同完成任务，也可 1 人独立完成。

二、妙笔生辉 墨润心田

请完成以下字帖描红。

又于韦处乞大邑瓷碗

［唐］杜甫

大邑烧瓷轻且坚，
扣如哀玉锦城传。
君家白碗胜霜雪，
急送茅斋也可怜。

秘色越器

［唐］陆龟蒙

九秋风露越窑开，
夺得千峰翠色来。
好向中宵盛沆瀣，
共嵇中散斗遗杯。

经纬织霓

一、励志砺学　知行合一

请从下面 6 个学习任务中至少选择 2 个并完成。

学习任务一：探访丝绸之路中的外交文化

丝绸之路是始于古代中国，连接亚洲、欧洲和北非的古代商业贸易路线，最初的作用是运输古代中国出产的丝绸、瓷器等商品，后来成为东方与西方之间在经济、政治、文化等诸多方面进行交流的主要道路。我国在 2013 年提出建设“丝绸之路经济带”和“21 世纪海上丝绸之路”（“一带一路”）的合作倡议，旨在借用古代丝绸之路的历史符号，高举和平发展旗帜，积极发展与沿线国家的经济合作伙伴关系，共同打造政治互信、经济融合、文化包容的利益共同体、责任共同体、命运共同体。可以说，丝绸之路自古以来就对中西方的往来交流起到重要作用。

在我国古代，很长一段时间将外交称为“外事”。外事活动的历史悠久，除了古代中国，世界其他地方也有一国君主派出使节与其他国家交往的记载。但由于古代交通和通信不便，外交也受到许多限制。

（一）活动规则

1. 以小组为单位搜集资料，谈谈丝绸之路对古代中西外交的作用。

2. 试着搜集历史上还有哪些围绕丝绸之路发生的著名外交事件，整理在表格中，并给同学们讲一讲。

（二）活动提示 / 活动成果

1. 丝绸之路对古代中西外交的作用有：

____

____

____

____

____

____

____

2. 填写下表：

丝绸之路中发生的著名外交事件

时间	主要人物	外交事件

学习任务二：探究丝织工序中的技艺要领

在我国五千多年的历史长河中，有许多璀璨的工艺，它们是历史和文化的载体。丝织品是我国对世界文化的重要贡献，它们种类繁多，各个工序的织造技术各不相同。

（一）活动规则

1. 仔细阅读教材中介绍的丝织工序，圈出各道工序的动词，简述各步骤的要领。
2. 4~6 人为一组进行讨论，完成表格。
3. 每组选举一名代表进行分享。

（二）活动提示 / 活动成果

丝织工序汇总表

工序名称	主要动词	步骤要领
养蚕		
缫丝		
丝织		
漂练		
印染		

学习任务三：感悟《诗经》中的蚕桑文化

《诗经》是我国最早的诗歌总集。《诗经》收录了自西周初期至春秋中叶大约500年间的诗歌305篇，分为“风”“雅”“颂”三大类。《风》是15个诸侯国的土风歌谣；《雅》是正声雅乐，又分《大雅》和《小雅》；《颂》是统治阶级宗庙祭祀的乐歌，又分《周颂》《鲁颂》《商颂》。《诗经》中的作品很多都反映了当时的政治和社会风貌，记录了当时人们的社会生活、风俗习惯等。

（一）活动规则

1. 收集《诗经》中与蚕桑、丝织有关的诗句，并了解诗句的出处、写作背景。

2. 记录作品的名称并抄写、朗读诗句。

3. 将你印象最深刻的诗句介绍给同学们（包括诗句的写作背景、艺术特色等，可制作PPT进行介绍）。

4. 根据同学们分享内容的数量及质量评分，选出一、二、三名，给予奖励。

（二）活动提示 / 活动成果

1.《　　　　》____。

2.《　　　　》____。

3.《　　　　》____。

4.《　　　　》____。

5.《　　　　》____。

学习任务四：领略丝织品多样化的特色

我国是最早饲养家蚕和缫丝织绸的国家，丝织品种类繁多。其中，四川蜀锦、苏州宋锦、南京云锦是丝织品中的杰出代表，被称为“三大名锦”，在全世界享有盛誉。根据组织结构、加工工艺、质地、外观和用途的不同，丝织品大致可分为14类。

（一）活动规则

1. 4~6人为一组，各小组制订活动计划，做好人员分工，安排活动进度。

2. 查阅资料，了解我国14类丝织品的名称和工艺特点，在此基础上列举各品类的代表作品，并附上相关图片。

3. 组内每位同学至少完成2~3个品类的信息搜集，每位同学在与他人分享的同时，做好记录，归纳到表格中。

（二）活动提示 / 活动成果

请将检索到的信息，归纳至下表。

信息汇总表

品类名称	工艺特点	代表作品	图样

学习任务五：弘扬丝织上品中的工匠精神

远在新石器时代，我们的祖先就发明了丝织技术。汉唐时，我国的丝织品生产技术进入了稳定发展的时期，我国的丝织品通过丝绸之路（包括陆上丝绸之路和海上丝绸之路）远销世界各国，受到广泛的赞誉。

新中国成立以后，我国丝织技术迅猛发展，较完整的丝织业体系得以建成，丝织产品面向全世界多个国家和地区销售。

（一）活动规则

1. 参观线上博物馆，以小组为单位搜集我国著名丝织品的图片，谈谈它们的特点。

2. 分析这些丝织品中蕴含了古代劳动者的什么精神，我们在学习、生活中应如何汲取这种精神。

3. 将你的想法写一写，读一读，以“丝织上品中的工匠精神”为主题在班级内宣讲。

（二）活动提示 / 活动成果

丝织上品中的工匠精神

____

____

____

____

____

学习任务六：了解丝绸之路的具体线路

丝绸之路在人类各大文明区域的核心文化孕育、发展和形成过程中发挥了重要的作用。

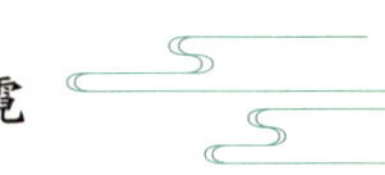

在古代，除了陆上丝绸之路，还有海上丝绸之路，丝绸之路根据途经地点可划分为不同线路。

（一）活动规则

1. 查阅资料，写出陆上丝绸之路的具体路线及特点。
2. 查阅资料，写出海上丝绸之路的具体路线及发展历程。

（二）活动提示 / 活动成果

陆上丝绸之路路线汇总表

线路	具体路线	特点

海上丝绸之路路线信息表

海域	具体路线	发展历程

二、妙笔生辉　墨润心田

请完成以下字帖描红。

浪淘沙

［唐］刘禹锡

濯锦江边两岸花，

春风吹浪正淘沙。

女郎剪下鸳鸯锦，
将向中流疋晚霞。

缫丝行

［宋］范成大

小麦青青大麦黄，
原头日出天色凉。
姑妇相呼有忙事，
舍后煮茧门前香。
缫车嘈嘈似风雨，
茧厚丝长无断缕。
今年那暇织绢著，
明日西门卖丝去。

贰

先贤启智

有志竟成

一、励志砺学　知行合一

请从下面 6 个学习任务中至少选择 2 个并完成。

学习任务一：搜集立志、守志典故

我国古代典籍记载了很多历史人物立志、守志的故事，如“厉归真学画虎”“王献之与十八缸水”等。这些故事让我们感受到，在中华民族五千多年的历史中，华夏子孙对志存高远、有志者事竟成等理念的践行与传承。作为新时代青年，我们更应了解中华优秀传统文化中立志、守志的故事，以此激励自己，树立技能成才的志向，并不断朝着目标努力。

（一）活动规则

1. 4~6 人为一组，各小组制订活动计划，做好人员分工，安排活动进度。

2. 查阅资料，搜集一个立志、守志的典故，准备好要分享的内容并酌情选配图片。

3. 各小组成员对本组的文字和图片进行讨论、定稿，然后制作 PPT 或电子杂志等。

4. 每个小组将制作好的 PPT 或电子杂志等通过云班课上传，每位同学利用课余时间欣赏。

5. 课上以小组为单位，每组选择一位代表展示小组的活动成果。

6. 小组汇报完毕，其他小组对该组的活动成果进行评价，对该组作品打出具体的分数。然后，大家进行排名，评出班内前三名并给予奖励。最后，大家集体总结，归纳亮点，查找不足，进行自我修改和完善。

（二）活动提示 / 活动成果

每个小组的代表都要到台前展示本小组的活动成果。

示例：徐霞客的远大志向

明代旅行家徐霞客，幼年时便勤奋好学，广泛阅读了各地的地图、县志等。由于明末政治黑暗，他没有去做官，而是立志旅行，考察地理、水文、地质等。他 20 多岁开始出游，30 多年间不避风雨，不惮虎狼，专心开展实地考察，足迹北至河北、山西，南及广东、广西。他在游历时风餐露宿，历尽艰险，却从未中断旅程。他常常去探寻险境，借着取暖的火光书写游记。经过数十年的努力和积累，徐霞客以惊人的毅力写出了千古奇书——《徐霞客游记》。

“搜集立志、守志典故”评分表

序号	姓名	展示题目	内容	形式	表达	亮点	总分

（注：满分 20 分，内容、形式、表达、亮点每项 5 分，各组成员请酌情打分，评选出班内前三名。）

学习任务二：设定提升目标，助力技能成才

作为新时代青年，我们每个人都应该有自己的理想与目标，并在日常的学习、生活中不断朝着目标迈进。但想要成长为一名全面发展、学有专长并具有可持续发展能力的学生，我们需要给自己设定阶段目标，逐步提升，从而实现技能成才的梦想。请给自己设定一个以一年为期限的提升目标，并写出目标实现计划。

（一）活动规则

1. 选择目标：多方面进行思考，确定个人提升的目标。（注意：目标要有挑战性，但不能定得太高，否则难以实现；也不能定得太低，否则失去了设定的意义。）

2. 分析现状：分析自己的目前状况，了解自己的基础、优势和不足。

3. 提出措施：针对要实现的目标，提出具体实现措施，并写清具体方法，确保计划的执行。（注意：通常要从提高思想认识、端正态度、改进方法等方面列出具体的措施，还要考虑计划实施的客观条件，从时间、场所、老师或其他人帮助、设备和资金等方面列出保障措施。）

（二）活动提示 / 活动成果

请每位同学根据活动目标，将自己的年度目标、现状分析填写在下面的横线和表格中，并写下自己实现目标的措施及方法。

我的目标是：

____

____

____

我的基本情况 （从个人目标出发，简单分析目前达到的程度、离目标还有多远等）	
我的优势 （对于要实现的目标，我在时间等相关条件上能否保证？自身的哪些性格和能力对实现目标有助益？）	
我的不足 （反思曾经无法达成目标的原因，如性格方面的不足，方法不对，时间管理不妥当等）	

我应该怎么做：

____

____

____

____

学习任务三：引吭高歌——唱响志存高远之曲

歌唱不仅能够表达我们内心的情感，还能让我们的心灵得到放松。歌曲或委婉缱绻，或慷慨激昂，向我们讲述不同的故事，传达不同的思绪。在我国众多脍炙人口的歌曲中，有很多表现志存高远主题的歌曲。通过搜集并唱响这些歌曲，我们不仅能够感受到歌曲中蕴含的汹涌澎湃的情感，更能体会到志在四方的豪情，为我们的人生指引航向。

（一）活动规则

1. 6~8 人为一组，每组从网上搜索一首表现志存高远主题的歌曲。

2. 小组成员共同学唱这首歌，可以适当运用合唱、重唱等方式，尽可能地将演唱过程设计得有新意。

3. 在课堂上以小组为单位演唱歌曲。需要提前准备好伴奏。

（二）活动提示 / 活动成果

每位同学在听完所有小组的歌曲之后，选择最喜欢或印象最为深刻的一首，谈谈自己的感受。说说为什么喜欢这首歌，以及未来自己应该如何树立志向、实现目标。

我的感受：

____

____

____

学习任务四：讲述我的“志存高远”榜样故事

在中华民族五千多年的历史长河中，有许许多多的能工巧匠，他们将令人惊叹的作品留存于世，凭借自己出色的技艺名留史册，为国家做出了突出贡献。还有一些现代的大国工匠，他们不畏艰险，勇于挑战，攻克一个又一个行业难题，创造一个又一个技术奇迹，在自己的岗位上不断发光发热。他们激励自己完成任务、造就传奇，也一直向我们传递着这样的精神财富：志存高远，技能报国，奋勇拼搏，不断向前。他们是我们人生的榜样，他们的精神值得我们永远学习和发扬。

（一）活动规则

1. 课前搜集从古至今志存高远、技能报国的榜样人物。

2. 课上以 4~6 人为一组，在组内互相分享自己搜集到的故事，用自己的话清晰、简练地讲述自己所了解到的榜样人物的故事以及他的品质。

3. 每组选出一位讲得最好的同学，在全班进行分享。

（二）活动提示 / 活动成果

每位同学在故事分享的过程中，注意倾听并做好记录，选择自己印象最深的一个榜样人物，说一说自己的感想，以及未来自己应该怎么做。

榜样示例：

许振超，山东青岛港前湾集装箱码头有限责任公司工程技术部固机高级经理，是新时期产业工人的杰出代表之一。参加工作以来，仅有初中文化水平的许振超立足本职，干一行、爱一行、精一行，自学成才，苦练技术，练就了“一钩准”“一钩净”“无声响操作”等绝活，打造了“王啸飞燕”“显新穿针”等一大批具有社会影响力的工人品牌。“干就干一流，争就争第一”是许振超的座右铭。许振超及他的团队先后 9 次刷新集装箱装卸世界纪录，使“振超效率”成为港航界的一块“金字招牌”，也成为中国港口在世界上处于领先地位的生动例证。

我印象最深的榜样人物：

____

____

我的感想：

____

____

我应该怎么做：

学习任务五：分享志存高远格言警句

在日常的学习生活中，我们经常接触到格言警句，我们常常以这些格言警句来告诫自己，给自己力量。这其中有很多关于有志者事竟成的句子，这些句子及其背后的故事，吸引着我们去了解、去体会，从中汲取更多能量。搜集并阅读这些句子，了解其背后的故事，不仅能够提升我们的文化素养，还能够激励我们立志成才、技能报国。

（一）活动规则

1. 课前搜集与“立志”“志向”“志存高远”“有志者事竟成”有关的格言警句，并了解该句子的出处和故事。

2. 课上以 4~6 人为一组进行分享，每人轮流讲述自己搜集的格言警句及其背后的故事，其他人认真倾听并做好记录。

3. 每组选出一位讲得最好的同学，在全班进行分享。

（二）活动提示 / 活动成果

每位同学在故事分享的过程中，注意倾听并做好记录，选择自己印象最深的一句格言或警句，说一说自己的感想，以及未来应该如何用这句话激励自己。

格言警句示例：故天将降大任于是人也，必先苦其心志，劳其筋骨，饿其体肤，空乏其身，行拂乱其所为，所以动心忍性，曾益其所不能。(《孟子·告子下》)

我印象最深的一句格言或警句：

我的感想：

未来如何用这句话激励自己：

学习任务六：搜集并分享颜真卿、郑燮立志报国的事迹

“修身、齐家、治国、平天下”是儒家学说的精髓所在。受此影响，我国历代知识分子中不乏有识之士，他们胸怀大志，以天下为己任，立志报效国家、造福百姓。

颜真卿，唐代名臣，“楷书四大家”之一，曾参与平定“安史之乱”、重振朝纪，一生忠诚正直，晚年被叛军所害。郑燮，清代著名书画家、文学家，“扬州八怪”之一，擅画兰、竹、石。他品性高洁，为官期间，心系百姓，清正廉洁。他们为国为民的光辉事迹，代代相传，可歌可赞，尤其值得我们青年学习、铭记，并将他们的精神发扬光大。

（一）活动规则

1. 课前查找、整理资料。每名同学至少查找并记录一位人物的事迹。
2. 课堂上以 4~6 人为一小组，在组内分享自己搜集到的人物事迹。
3. 每组推选出一名同学在班上分享，并指出从人物事迹中得到哪些启发。
4. 教师根据活动评价表，给各小组打分，评选出最优组。

（二）活动提示 / 活动成果

每名同学至少查找并记录一位人物的事迹。

人物姓名：

事迹一：

事迹二：

活动评价表

组号：

序号	评分项目	满分	分数
1	顺利完成活动	20	
2	所有组员参与	10	
3	资料齐备	10	
4	记录详细、有条理	10	

续表

序号	评分项目	满分	分数
5	突出“立志报国”的主题	30	
6	讲述清晰明了，语言生动	20	
合计			

二、妙笔生辉　墨润心田

请完成以下字帖描红。

劝学

［唐］颜真卿[1]

三更灯火五更鸡，
正是男儿读书时。
黑发不知勤学早，
白首方悔读书迟。

竹石

［清］郑燮

咬定青山不放松，
立根原在破岩中。
千磨万击还坚劲，
任尔东西南北风。

1. 作者待考。目前，较多资料中称作者为颜真卿。

革故鼎新

一、励志砺学　知行合一

请从下面 6 个学习任务中至少选择 2 个并完成。

学习任务一：“推陈出新”面面观

春秋子产铸刑书，开启了中国古代公布成文法的先例，百姓从中获得了实惠；西汉韩信管粮仓，创造“推陈出新”法，使蜀中粮仓不再有粮食变质、浪费现象；著名画家齐白石晚年毅然决定改变画风，赋予了艺术鲜活的生命力；国内某手机品牌创新销售模式，实现了企业利润的高速增长。古往今来，“推陈出新”的事例不胜枚举。

（一）活动规则

1. 以小组为单位，搜索古今推陈出新的事例。
2. 通过小组讨论，选择最具代表性的古今事例各一个，在课堂上展示。

（二）活动提示 / 活动成果

结合教材内容，运用网络等资源搜索推陈出新的事例，填写下表。

古今事例表

时间	人物（团队）	事例
古		
今		

学习任务二：了解“革故鼎新”与《易经》的关系

《易经》是中国古老的典籍，古人认为，《易经》的不同卦辞揭示着世间万物变化的真谛。历代儒家学者，用不同的文字赞扬《易经》，推崇其为“群经之首”，致以无上的敬意。当今，研读《易经》，汲取祖先的智慧，同样能够获得丰富的启示。“革故鼎新”一词源自《易经》中的革卦与鼎卦，诠释了改革与发展的辩证关系。

（一）活动规则

1. 以小组为单位，根据“革卦”的例子，讨论“鼎卦”的内容。
2. 以小组为单位，在课堂上分享讨论结果。

（二）活动提示 / 活动成果

根据给出的“革卦”的例子，完成下表。

汇总表

卦名	原文	彖辞	象辞	启示
革	革，巳日乃孚，元亨，利贞，悔亡	革，水火相息，二女同居，其志不相得，曰革。……天地革而四时成。汤武革命，顺乎天而应乎人。革之时大矣哉！	泽中有火，革。君子以治历明时	“革”就是人类思维的变化。作为学生，思维不能固守成规，要与时俱进，积极学习新知识，勇于接触新事物，富有创新精神，不断完善自我
鼎				

学习任务三：分享变法救世的事例

中国是一个文明古国，文明不仅仅在于创造辉煌，更在于不断探索、寻求改变。在历史课上，我们曾学过商鞅变法、王安石变法、戊戌变法等，这些都是影响比较大的变法。变法有成功，也有失败。即使那些失败了的变法也都有或多或少的进步意义。变法者他们创造，他们改变，他们面临着不成功便成仁的考验。

（一）活动规则

以小组为单位，搜索历史中变法的事例并在课堂上展示。可通过制作思维导图等方式进行展示。

（二）活动提示 / 活动成果

在搜索事例的过程中，可从以下几个方面进行总结归纳：

1. 变法发生的时间；
2. 变法发生的时代背景；
3. 变法的相关人物；
4. 变法的主张；
5. 变法的过程与结果；
6. 变法成功或失败的经验教训；
7. 变法对后世的影响。

学习任务四：讲述大国工匠李仁清在继承中发展的故事

有人曾说过：“我之所以看得远，是因为我站在巨人的肩膀上。”今天，许多新成果、

新技术都是汲取了前人的智慧创造出来的。大国工匠李仁清在继承中国传统拓印技法的基础上，运用新的技艺，成功地保留了大量珍贵的历史文化资料，为传承中华民族优秀传统文化及保护人类非物质文化遗产事业做出了重要的贡献。

（一）活动规则

观看大国工匠李仁清的视频，以小组为单位讨论他是如何在继承中发展技艺的。

（二）活动提示 / 活动成果

在观看视频的过程中，思考以下几个问题，在小组内展开讨论。

1. 李仁清刚入行时对拓印的认识是如何发生转变的？
2. 为解开心中的疑惑，李仁清做了哪些努力？
3. 在拓印及拼接北魏立佛像时，李仁清和他的团队遇到了哪些困难？
4. 拓印成功后，李仁清有何感想？
5. 观看视频后，说一说怎样才能做到在继承中发展。

学习任务五：制订自我完善计划

种子要发芽，小鸟要破壳，虫儿要化蝶……一切有生命的东西，只要想成长，只要想发展，只要想壮大，都要想方设法突破自己。我们要清楚地认识自我，知道自己的优缺点，去掉阻碍自身发展的因素，发扬促进自身前进的优势。同时，也要了解周遭的环境，善于发现机遇与挑战，精准发力，突破自我，活出精彩。

（一）活动规则

结合自身实际，运用“SWOT”分析模型，分析自己的优势与劣势、机遇与挑战。结合自身实际，选择 1~2 个劣势或威胁，制订计划，改善不足。

（二）活动提示 / 活动成果

运用“SWOT”分析模型分析自身情况，SWOT 分析模型如下：

优势：	劣势：
机会：	威胁：

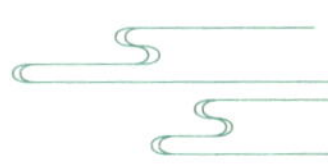

自我完善计划样式如下：

自我完善计划

我的小目标：

____

____

____

我的计划：

____

____

____

我的实施过程：

____

____

____

____

____

学习任务六：寻找乡村振兴中的改革活力

新时代，改革一直在路上。通过改革推动乡村振兴，可以凝聚乡村振兴的要素、突破乡村振兴的资源瓶颈。在乡村振兴的时代浪潮中，不乏青年人的身影。通过寻找身边那些为乡村振兴做出杰出贡献的青年人的故事，可以更好地感受改革创新的力量，以及青年人在改革创新中的活力。

（一）活动规则

1. 通过实地走访或上网、看书，收集在当地乡村振兴中，青年人引领或积极参与当地改革创新的真实事迹，事迹要真实、有细节。

2. 可将这些事迹制作成推文或小视频，也可写 1~2 篇游记，真实记录所见所感（字数控制在 500~1 000 字），然后与同学们分享。

（二）活动提示 / 活动成果

可以自由组成不超 5 人的小组共同完成任务，也可 1 人独立完成。

二、妙笔生辉　墨润心田

请完成以下字帖描红。

今汉继秦之后，如朽木、粪墙矣，虽欲善治之，亡可奈何。法出而奸生，令下而诈起，如以汤止沸，抱薪救火，愈甚亡益也。窃譬之琴瑟不调，甚者必解而更张之，乃可鼓也；为政而不行，甚者必变而更化之，乃可理也。当更张而不更张，虽有良工不能善调也；当更化而不更化，虽有大贤不能善治也。故汉得天下以来，常欲善治而至今不可善治者，失之于当更化而不更化也。

——节选自董仲舒《对贤良策》

精益求精

一、励志砺学　知行合一

请从下面 6 个学习任务中至少选择 2 个并完成。

学习任务一：当贾岛邂逅韩愈

贾岛路上沉思诗中用“推”还是“敲”之际，邂逅韩愈，两人一见如故，“推敲”一番，演绎了一段千古传诵的文坛佳话。贾岛字字斟酌、句句推敲的严谨创作形象深入人心，使他赢得了“苦吟诗人”的雅号。“推敲”的故事启示我们在写作文或者诗歌时，要反复比较，多加斟酌，使内容更加生动、传神。

（一）活动规则

1. 以“当贾岛邂逅韩愈”为题进行情景剧比赛，4~6 人一组，各小组制订活动计划。
2. 小组成员进行剧本改编，确定本组剧本。
3. 根据剧本确定演职人员，并进行预演。
4. 课堂上，以小组为单位进行汇报演出。
5. 由教师和各小组进行投票，评选本次比赛的最佳情景剧。

（二）活动提示 / 活动成果

本活动旨在将经典重现，在演绎经典的过程中体会贾岛为诗忘我的境界和精益求精的创作精神。活动以小组为单位，鼓励充分运用多媒体手段。鼓励在撰写剧本时有所创新，使经典再现的同时更加具有趣味性和观赏性。

学习任务二：寻觅老字号

中国有许多老字号商店，它们经历了几百年的风雨磨砺，是行业竞争中的优胜者，也是幸存者。这些百年老店无一例外都经历了岁月的风霜，一直在精益求精，一直在推陈出新，一直在努力发展。作为技能青年，我们应该了解这些老字号传承百年背后的故事。

（一）活动规则

1. 采用线上查阅资料或线下实地走访等方式“寻觅”老字号精益求精的故事，4~6 人为一组，制订活动计划，做好人员分工，安排活动进度。
2. 按照分工进行资料搜集。
3. 准备展示材料。

4. 课上以小组为单位，每组选择一位代表汇报本组活动成果。

5. 小组汇报完毕，其他小组和教师对该组的活动成果进行评价。

（二）活动提示 / 活动成果

以小组为单位，确定本组寻觅的主题，采用线上查阅资料或线下实地走访等方式，探寻这些老字号屹立百年不倒的秘密，感悟老字号百年精神的传承和不断精益求精的工匠精神。整理搜集到的材料，以 PPT、电子杂志、海报等形式进行展示。

“寻觅老字号”评价表

组名	汇报主题	小组评分	小组评语	教师评分	教师评语	总得分

学习任务三：寻找高品质的中国制造

制造业是立国之本、强国之基。如今，随着我国产业整体实力、质量效益以及创新力、竞争力、抗风险能力显著提升，中国制造在全球供应链体系中正发挥着越来越重要的作用。我们需要高品质产品，中国制造需要高品质。

（一）活动规则

1. 4~6 人为一组进行讨论，选择一种产品，列出该产品的各种国产品牌。

2. 独立思考，选择自己喜欢的一个品牌，根据产品介绍表中的要点，和同组成员讨论该品牌的优缺点等，将讨论内容总结出来并完成产品介绍表。

3. 根据讨论内容，小组选出最优的品牌。

4. 每组选举一名代表进行分享。

（二）活动提示 / 活动成果

通过介绍自己喜欢的产品品牌，思考“高品质”的意义及其与精益求精之间的关系。

产品介绍表

产品名称	品牌	与其他品牌的对比优势	需要进一步改进的地方	给产品厂商的建议

学习任务四：实施“5S”行动

所谓“5S”，即对生产现场各种物质要素所处状态不断进行整理、整顿、清扫、清洁的同时，提高人员素养、培养良好习惯的管理活动。“5S”管理法在我国企业中得到广泛推行，“5S”日益成为一项从办公室到生产车间所有员工都经常参与的活动。

整理。即对现场物品按需要与否加以区别，把不需要的物品进行处理。

整顿。即将需要的物品定量、定位排列整齐，并标出物品名称。

清扫。即对工作现场和设备、设施进行清扫，对设备、设施出现的异常及时排除。

清洁。即保持整理、整顿、清扫后的最佳状态。

素养。即培养人员良好的工作态度，树立爱岗敬业的精神和遵章守纪的作风，养成良好的习惯并加以保持。素养是“5S”管理的核心。

越来越多的学校会要求学生对生活、学习中的大环境，如寝室、教室、实训车间等，或者是对日常使用的书包、书桌、实训工具等微环境进行“5S”管理，引导学生从身边小事做起，从细节做起，养成脚踏实地、积极主动、精益求精的思想品德和行为习惯，提升自身的职业道德水准和职业价值，为将来走向工作岗位奠定坚实基础。

（一）活动规则

1. 确定个人“5S”行动的对象及实施计划。
2. 理解“5S”五项标准，罗列每项标准的具体实施内容。
3. 活动实施全程拍照，并完成“5S”行动实施记录表。
4. 4~6 人一组，分享个人“5S”行动成果和感受。
5. 每组选出一名代表进行分享。

（二）活动提示 / 活动成果

“5S”行动实施记录表

项目	实施内容	完成情况	感受	备注
整理				
整顿				
清扫				
清洁				
素养				

学习任务五：做“高品质”的创造者

随着经济的飞速发展，我们在生活、学习和工作中使用的物品、工具或设备品类丰富。面临选择时，大家往往选择自己喜欢的产品。这其中，质量是必须考虑的。我们需要“高品质”，社会需要“高品质”，今天我们是“高品质”的消费者，而明天则是“高品质”的创造者。

（一）活动规则

1. 观看央视《大国品牌》系列短片，了解“高品质”创造者的故事。
2. 思考自己如何做，才能成为“高品质”创造者中的一员。

（二）活动提示 / 活动成果

除了观看《大国品牌》系列短片，也可自行找更多相关纪录片观看。

学习任务六：了解工匠故事，体悟工匠精神

2016 年 3 月，工匠精神首次被写入政府工作报告，后又被写进国家“十四五”规划。弘扬工匠精神已成为国家和社会的诉求与共识。中华文明史实际上也是一部工匠史，红山文化玉雕、青铜器、四大发明、瓷器、丝绸，新中国两弹一星、大庆油田、神舟系列飞船……这些成就的背后，涌现的是一批又一批技术精湛的工匠。通过寻找身边那些体现工匠精神的故事，我们可以培养工匠精神，学技自强，勇担时代重任。

（一）活动规则

1. 了解本省有哪些独特的地方特色工艺，了解它们的发展过程。了解特色工艺背后的工匠故事。观看央视纪录片《大国工匠》《大国重器》，撰写纪录片《大国工匠》《大国重

器》观后感。

2. 在班会课上与同学分享本省特色工艺。通过文字或视频的形式，在微信朋友圈、短视频平台等处介绍体现工匠精神的当地特色工艺及其背后的工匠故事。

（二）活动提示 / 活动成果

可以自由组成不超 5 人的小组共同完成任务，也可 1 人独立完成。

二、妙笔生辉　墨润心田

请完成以下字帖描红。

孔子学琴于师襄子。襄子曰："吾虽以击磬为官，然能于琴。今子于琴已习，可以益矣。"孔子曰："丘未得其数也。"有间，曰："已习其数，可以益矣。"孔子曰："丘未得其志也。"有间，曰："已习其志，可以益矣。"孔子曰："丘未得其为人也。"

有间，曰："孔子有所缪然思焉，有所睪然高望而远眺。"曰："丘迨得其为人矣，黯而黑，颀然长，旷如望羊，奄有四方。非文王其孰能为此？"

师襄子避席叶拱而对曰："君子圣人也，其传曰《文王操》。"

家国情怀

一、励志砺学　知行合一

请从下面 6 个学习任务中至少选择 2 个并完成。

学习任务一：了解张骞的一生

汉武帝时期，张骞先后两次出使西域，打通了东西方交流的陆上丝绸之路。这一壮举促进了西汉与西域各国的经贸往来和文化交流，也让张骞名留青史。

（一）活动规则

1. 4~6 人为一组，查找相关资料，了解张骞的一生，以及丝绸之路的深远影响。

2. 每组选举一名代表进行分享。

（二）活动提示 / 活动成果

了解张骞的一生时，可以重点参考《史记》中的记载。

学习任务二：“飞花令”玩转“家”“国”诗句

（一）活动规则

1. 课前搜集与“家”“国”有关的诗句，并了解诗句的出处和作者。

2. 课上以 4~6 人为一组，进行小组内“飞花令”比赛：每人轮流说出一句含有“国”或“家”的诗句，说不出来即被淘汰，每个小组决出一位冠军，进入下一轮比赛。

3. 每组的获胜者集体参加班级比赛，规则同上，最后选出第一、二、三名，给予奖励。

（二）活动提示 / 活动成果

每位同学在比赛的过程中，注意收集同学们所说的诗句并将其填写在下面的横线上作为诗句积累，每人至少写 5 句。

含有“国”或“家”的诗句：

____

____

____

____

____

学习任务三：了解爱国志士的成长经历

爱国既需要情感的基础，又需要理性的认知。对每一位爱国志士来说，爱国情怀与其成长经历息息相关。爱国是本分，是职责，是心之所系、情之所归。

（一）活动规则

1. 课前搜集某位爱国志士的成长经历。
2. 课上以 4~6 人为一组，在组内分享自己搜集到的成长经历。
3. 每组选出一位讲得最好的同学，在全班进行分享。

（二）活动提示 / 活动成果

他人分享时，注意倾听并做好记录。选择自己印象最深的一段分享，说一说自己的感想，以及在自己的专业领域能够为国家做些什么。

我印象最深的一段分享：

____

____

我的感想：

____

____

____

____

____

在自己的专业领域，我能为国家做这些事：

____

____

____

____

____

学习任务四：典籍里的中国——从古代典籍中看家国情怀

中国是拥有五千多年历史的文明古国，文化源远流长。中国浩如烟海的古代典籍中蕴含着人类的智慧与财富，其中不乏饱含家国情怀的作品。例如：《尚书》展现了华夏九州的家国概念，《史记》记录了炎黄子孙的繁衍生息，《论语》体现了中国人“以和邦国”的仁德智慧。古代典籍中的家国情怀，一点一滴融入了我们的血脉。

（一）活动规则

1. 4~6 人为一组，各小组制订活动计划，做好人员分工，安排活动进度。

2. 查阅资料，了解古代典籍（以四书五经等经典书籍为主）中包含家国情怀的内容，在此基础上任选一部典籍，准备介绍词，酌情选配图片。

3. 各小组成员对本组的介绍文字和图片进行讨论形成定稿，然后制作 PPT 或电子杂志等。

4. 每个小组将制作好的 PPT 或电子杂志等通过云班课上传，每位同学利用课余时间欣赏。

5. 课上以小组为单位，每组选择一位代表介绍该组的活动成果。

6. 小组汇报完毕，其他小组对该组的活动成果进行评价。

（二）活动提示 / 活动成果

1. 每个小组的代表都要到台前展示该组的活动成果。

2. 每组的作品都要有具体的分数，然后进行排名，评出班内前三名并给予奖励。最后，大家集体总结，归纳亮点，查找不足，进行修改和完善。

3. 相关评分表如下：

“典籍里的中国——从古代典籍中看家国情怀”评分表

序号	姓名	展示题目	内容	形式	表达	亮点	总分

（注：满分 20 分，内容、形式、表达、亮点每项 5 分，各组成员请酌情打分，评选出班内前三名。）

学习任务五：感受先贤“天下兴亡，匹夫有责”的家国情怀

南宋名臣文天祥在抵御元军的战斗中被俘。为了利用其影响力稳定局势，元世祖忽必烈许以丞相之位诱劝文天祥投降，文天祥严词拒绝，写下了“人生自古谁无死？留取丹心照汗青”的千古名句后慷慨就义。清末爱国志士林则徐看到大量鸦片流入中国，百姓吸食鸦片身体垮败，国家白银严重外流，万分痛心。1839 年 6 月 3 日至 25 日，林则徐亲自到

虎门海滩主持销毁收缴的鸦片，以自己的赤诚之心和爱国之举，维护了中华民族的尊严。

天下兴亡，匹夫有责。青年是国家的希望、民族的未来。在新时代，青年学生要以实际行动践行爱国主义精神，为促进国家发展勤学苦练、积蓄力量，为实现民族振兴担当作为、不懈奋斗。

（一）活动规则

1. 课前查阅资料，收集体现“天下兴亡，匹夫有责”的故事，思考每个故事蕴含的道理及现实意义。

2. 课堂上以 4~6 人为一小组，各小组成员对本组收集的故事进行讨论，并评选出优秀的故事参与班级分享。

3. 每组推选一位代表在班上进行成果分享。

4. 小组分享完毕，老师根据小组分享成果的数量及质量完成活动评价表，评出前三名给予奖励。

（二）活动提示 / 活动成果

每名同学至少收集并记录一则故事。

故事收集表

序号	故事人物	故事内容	蕴含的道理及现实意义
1			
2			
3			

活动评价表

组号：

序号	评分项目	满分	分数
1	顺利完成活动	20	
2	所有组员参与	10	
3	资料齐备	10	

续表

序号	评分项目	满分	分数
4	记录详细、有条理	10	
5	突出“国家兴亡，匹夫有责”的主题	30	
6	讲述清晰明了，语言生动	20	
合计			

学习任务六：讲述爱国故事，培养爱国情操

爱国，是人世间最深层、最持久的情感，是一个人立德之源、立功之本。孙中山先生说，做人最大的事情，就是要知道怎么样爱国。做人要有气节、要有人格。气节也好，人格也好，爱国是第一位的。

新的时代赋予了我们青年学生新的使命和担当。作为青年学生，要了解中华民族历史，传承中华民族优良传统，树立报国之志，增强民族自信，把个人的事业理想和国家发展相结合，让青春在为国家、为人民的不懈奋斗中绽放绚丽之花。

（一）活动规则

1. 个人独立思考，讲讲你所了解的爱国故事。
2. 课堂上 4~6 人一组，组内进行讨论，完成表格。
3. 每组同学在小组内进行分享，选出优秀代表，在班级内分享。
4. 小组分享完毕，老师根据小组分享内容的数量及质量完成活动评价表，评出前三名给予奖励。

（二）活动提示 / 活动成果

每名同学至少收集并记录一则故事。

故事汇总表

序号	爱国故事	内容摘要	故事表达了什么？我们该如何去做？
1			
2			
3			

活动评价表

组号：

序号	评分项目	满分	分数
1	顺利完成活动	20	
2	所有组员参与	10	
3	记录详细、有条理	10	
4	对爱国故事理解正确、深刻	20	
5	爱国行为符合身份、务实向上	20	
6	讲述清晰明了，语言生动	20	
合计			

二、妙笔生辉　墨润心田

请完成以下字帖描红。

病起书怀

［宋］陆游

病骨支离纱帽宽，
孤臣万里客江干。
位卑未敢忘忧国，
事定犹须待阖棺。
天地神灵扶庙社，
京华父老望和銮。
出师一表通今古，
夜半挑灯更细看。

赴戍登程口占示家人（节选）

［清］林则徐

力微任重久神疲，
再竭衰庸定不支。
苟利国家生死以，
岂因祸福避趋之。

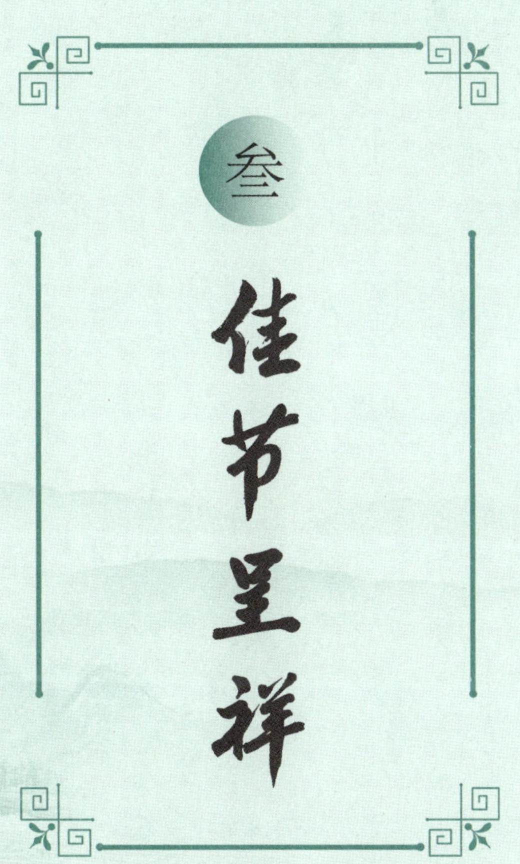

叁

佳节呈祥

元日启新

一、励志砺学　知行合一

请从下面 6 个学习任务中至少选择 2 个并完成。

学习任务一：收集整理春节的传统习俗

春节是中华民族盛大的传统节日，又称农历新年。春节是农历的岁首，它起源于殷商时期年头岁尾的祭神祭祖活动。民国时人们改用公历，把公历的一月一日称为元旦，把农历的一月一日叫春节。每到春节，人们要祭奠祖先，除旧布新，迎福纳祥，更让人期待的是阖家团圆。无论是在天涯还是海角，中国人在春节的时候都会不远千里与亲人团聚。人们过春节有扫尘、贴春联、贴窗花和倒贴福字、守岁、吃年夜饭等重要活动，这些活动饱含着人们祈求健康平安的愿望。

（一）活动规则

1. 4~6 人为一组，分组对不同的春节习俗做介绍，并以手抄报的形式进行展示。
2. 每组选出一名代表在班级进行分享，讲解手抄报设计灵感。
3. 通过教师评价、小组互评及自评的形式评比制作效果。

（二）活动提示 / 活动成果

小组成员在组内介绍春节习俗前，组长可以提前做好分工，以便让小组成员从不同方面介绍春节习俗，减少重复。

学习任务二：讲述春节故事

春节是中国最隆重、最盛大、最热闹的传统节日，是忙碌一年的家人们最期盼的大团圆之时。我们举双手迎接春节的到来！春节是生活给予我们的恩赏，伴随它的是亲朋好友的问候，是欢聚的喜悦和舒畅，是孩子们的欢笑。在暖洋洋的节日氛围中，总有一些故事令人难忘。

（一）活动规则

1. 每位同学撰写一篇以“春节期间令人难忘的故事”为主题的演讲稿。
2. 在班级开展主题演讲比赛并进行评优（评优时填写“演讲评分表”）。

（二）活动提示 / 活动成果

演讲稿要观点突出，逻辑清楚，通俗易懂，事实阐述简洁生动，灵活运用各种修辞手

法，从而具有较强的感染力。此外，要尽量控制好演讲的时长。

演讲评分表

序号	姓名	题目	内容	表达	形式	亮点	总分

（注：内容、表达、形式、亮点每项 5 分，共 20 分。）

学习任务三：开展拜大年活动

拜年是中国民间的传统习俗，是人们辞旧迎新、相互表达美好祝愿的一种方式。古时人们拜年，主要是向长者拜贺新年，包括向长者叩头施礼、祝其新年如意、问候生活安好等。遇到其他亲友，也会施礼问候。随着时代的发展，网络越来越发达，拜年习俗的内容和形式都有了新的变化，逐渐兴起了电话拜年、短信拜年、网络拜年等。无论哪一种方式，都是表达人们的祝福与期盼！

（一）活动规则

编写一条祝福短信，编写短信时要注重其所蕴含的祝福含义。

（二）活动提示 / 活动成果

以辞旧迎新、祝福祈愿为创作基本立意，倡导文明风尚、社会和谐，表达美好祝愿和对新年的美好希冀。内容要健康有益、积极向上，语言要真挚生动、节奏明快、感染力强，形式要新颖活泼、适合传播。

学习任务四：解说庙会

在很多地方，人们喜欢在春节期间逛庙会。庙会上有众多娱乐项目、各类美食，让人流连忘返。不同庙会还会有自己的特色活动，其丰富的文化内涵吸引着众多游客。

（一）活动规则

1. 以小组为单位，针对不同庙会的特色编写解说词或制作讲解视频。
2. 教师就作品内容进行有针对性的点评。

3. 各小组在班级进行展示，并通过教师评价、小组互评等方式参与评优。

（二）活动提示 / 活动成果

通过走访、查阅资料，加深对当地庙会的了解；通过编写解说词或制作讲解视频，增强文化自信。

学习任务五：抓拍春节的美好瞬间

春节这个传统节日，在每个中国人的心中都有特殊意义。春节总是温馨和快乐的，是我们期待和盼望的日子。随着手机和相机的普及，在这个喜庆的日子，人们常常忍不住用手机或相机“咔嚓”一番，记录下亲朋的欢颜、美好的瞬间。

（一）活动规则

1. 个人独立思考和策划，用手机或相机捕捉春节的美好瞬间。从拍摄的图片中，选择最喜欢的一张，写下自己的心情及感悟。

2. 每位同学在班级进行照片展示，并通过教师评价、学生互评等方式参与评优。

（二）活动提示 / 活动成果

记录春节美好瞬间时，可稍注意拍摄的技巧。可通过网络搜寻拍摄技巧，做好相关准备。

学习任务六：春节手工艺品面面观

人们在过春节时已形成了一些较为固定的习俗，如贴年画、舞龙舞狮、赏花灯等。这其中，经常可以看到民间手工艺品的身影。传统的习俗和手工艺品相得益彰，构成了节日的元素，营造出浓浓的节日氛围。

（一）活动规则

1. 4~6 人为一组，先在组内交流展示春节期间的手工艺品，然后完成“春节手工艺品汇总表”。

2. 每组选举一名代表在班上分享活动成果。

3. 根据小组分享成果的数量和质量进行评分，选出前三名，给予奖励。

（二）活动提示 / 活动成果

春节手工艺品汇总表

序号	手工艺品	特色	寓意
1			
2			
3			
4			

续表

序号	手工艺品	特色	寓意
5			
6			

二、妙笔生辉　墨润心田

请完成以下字帖描红。

岁除夜会乐城张少府宅

［唐］孟浩然

畴昔通家好，相知无间然。
续明催画烛，守岁接长筵。
旧曲梅花唱，新正柏酒传。
客行随处乐，不见度年年。

除夜雪

［宋］陆游

北风吹雪四更初，
嘉瑞天教及岁除。
半盏屠苏犹未举，
灯前小草写桃符。

清明鸢飞

一、励志砺学　知行合一

请从下面 6 个学习任务中至少选择 2 个并完成。

学习任务一：了解清明节的由来和习俗

清明节，又称踏青节、祭祖节等，节期在仲春与暮春之交。2006 年，经国务院批准，清明节被列入第一批国家级非物质文化遗产名录。清明节源自上古时代祖先的春祭礼俗，既是自然节气，也是传统节日。

（一）活动规则

1. 4~6 人为一组，合作完成手抄报，对清明节的由来和习俗进行介绍。
2. 每组选举一名代表进行分享。
3. 通过教师评价、小组互评及组员自评的形式评比各组成果。

（二）活动提示 / 活动成果

资料可以多渠道搜集，网络、图书、视频平台等渠道都可以考虑。

学习任务二：诗情画意——为诗歌配画

中国传统诗歌大多运用寓情于景、以景托情、情景交融的艺术处理技巧。诗歌创作过程是一个观察、感受、酝酿、表达的过程，是对生活的再现过程。有时，诗中所刻画的人物形象，所描绘的生活场景，所铺陈的社会生活情节和史实，也是用来寄托情思的。诗词，在虫鱼鸟兽中描摹自然，在小桥流水中展现乾坤，让人感叹，使人沉醉。

（一）活动规则

1. 结合自己的理解，为教材中的诗歌配画。
2. 完成诗歌配画后在班级内进行成果展示。
3. 班内评比创作成果。

（二）活动提示 / 活动成果

在下笔前，可以再次阅读诗歌，加深自己的理解。

学习任务三：清明节相关诗歌朗诵会

清明是一个悲喜杂集的节日，人们既礼赞万物复苏、大地欣欣向荣，又悼亡惜逝，感叹生命无常。在清明节这天，扫墓祭祀、缅怀祖先，有利于弘扬孝道、唤醒家族共同记忆。杜牧《清明》中的诗句“清明时节雨纷纷，路上行人欲断魂”，写出了清明雨中行旅之人凄迷纷乱的心境，抒发了因怀远而肝肠寸断的情感。欧阳修《阮郎归》中的词句“南园春半踏青时，风和闻马嘶”，却又道出了清明前后人们外出踏青赏春，在和畅的春风中听闻马儿嘶鸣的愉悦之情。

（一）活动规则

1. 查阅资料，朗诵与清明节相关的诗歌。

2. 在班级内进行成果展示，时长为 3~5 分钟。

3. 班内评比朗诵成果。

（二）活动提示 / 活动成果

朗诵内容要健康、积极向上、契合主题。朗诵时发音要清晰，声音要富有表现力，达到一定朗诵效果。

学习任务四：编写文明扫墓宣传语

自古以来，在中华大地上涌现出了众多有志之士，他们为了这片土地的繁荣和富强不懈奋斗，留下了许多可歌可泣的动人事迹，理应得到后人的敬仰。而清明节就是缅怀祖先、纪念先人的重要节日，是一个意义深远的节日。如今提倡文明扫墓，鼓励采用敬献鲜花、诵读经典等方式缅怀先人，以这种文明的方式缅怀先人既不污染环境，又能充分表达对先人的思念。

（一）活动规则

1. 编写文明扫墓宣传语。

2. 教师将优秀作品在班级内进行展示。

（二）活动提示 / 活动成果

建议用通俗的话语倡导人们文明扫墓，要求：语言简洁，句式简短，字数较少，表情达意准确。

学习任务五：人民英雄纪念碑解说词编写或视频讲解

在清明节这天，人们不仅会缅怀祖先，还会纪念为人民献出宝贵生命的烈士。人民英雄纪念碑是国家为纪念 1840—1949 年间为中国革命牺牲的人民英雄而修建的纪念碑，位于北京天安门广场中心，在天安门南约 463 米，正阳门北约 440 米的南北中轴线上。每到清明节，人们会自发去人民英雄纪念碑前或默哀，或瞻仰，或敬上一捧鲜花，向英烈们致敬。

（一）活动规则

1. 网上查阅资料或实地参观人民英雄纪念碑，以小组为单位进行解说词编写或视频讲解。

2. 各小组在班级进行成果展示，并通过教师评价、小组互评、组员自评等方式参与评优。

（二）活动提示 / 活动成果

通过参观或查阅资料，编写解说词或进行视频讲解，加强爱国主义教育。

学习任务六：分享在抗击新冠肺炎疫情斗争中牺牲的烈士的事迹

2020 年的清明，因一场突如其来的疫情，变得与往年不太一样。为表达全国人民对在抗击新冠肺炎疫情斗争中逝世同胞、烈士的深切哀悼，国务院发布公告，决定于 2020 年 4 月 4 日举行全国性哀悼活动。在此期间，全国和驻外使领馆下半旗志哀，全国停止公共娱乐活动。4 月 4 日 10 时起，全国人民默哀 3 分钟，汽车、火车、舰船鸣笛，防空警报鸣响。

（一）活动规则

请查阅你所在地区在抗击新冠肺炎疫情斗争中牺牲的烈士的事迹，并给同学们讲述。

（二）活动提示 / 活动成果

如果你所在地区没有相关事迹，也可以搜集其他地区的相关事迹。

二、妙笔生辉　墨润心田

请完成以下字帖描红。

长安清明

［唐］韦庄

蚤是伤春梦雨天，

可堪芳草更芊芊。

内官初赐清明火，

上相闲分白打钱。

紫陌乱嘶红叱拨，

绿杨高映画秋千。

游人记得承平事，
暗喜风光似昔年。

风筝

［唐］高骈

夜静弦声响碧空，
宫商信任往来风。
依稀似曲才堪听，
又被风吹别调中。

端午龙腾

一、励志砺学　知行合一

请从下面6个学习任务中至少选择2个并完成。

学习任务一：了解端午节的由来与习俗

端午节的设立由来已久，已形成了丰富多彩的民俗活动。2009年，联合国教科文组织正式审议并批准中国端午节列入世界非物质文化遗产名录（名册）项目，端午节成为中国首个入选世界非物质文化遗产的节日。

（一）活动规则

在网络上观看《中国传统节日·端午》，查阅相关资料，填写“端午节习俗表”。以“端午节的由来与习俗”为题，向同学们介绍端午节的由来与主要习俗等。

（二）活动提示 / 活动成果

端午节习俗表

习俗名称	主要内容及分布地域

学习任务二：绘制端午风俗画卷

每个节日都有其独特的气氛，节日气氛的形成有赖于独特风俗的展现。吃粽子、赛龙舟等风俗活动塑造了端午节。绘制端午风俗画卷是感受端午节气氛的有效方式。

（一）活动规则

1. 请在查阅相关资料的基础上，以小组为单位，完成一张介绍端午风俗的图画。

2. 对各组的风俗画进行评比。

3. 在班级设置风俗画展区，评比后展览。

（二）活动提示 / 活动成果

在下笔前，各小组组长做好小组成员分工。

学习任务三：端午习俗趣味知识竞赛

趣味知识竞赛是培养读书兴趣和读书能力、丰富精神生活、拓展知识面的有效方式。举办端午习俗趣味知识竞赛，可以在紧张刺激的知识竞赛中了解更多的端午节习俗。

（一）活动规则

1. 认真梳理教材内容，并广泛阅览相关资料。

2. 以小组为单位进行比赛，各组中得分高者获胜。

3. 比赛分为必答题、抢答题和风险题 3 种类型。必答题每组 3 题，每题 5 分。各组按照顺序依次答题。各组必须在主持人念完题目 10 秒钟之内作答，否则记 0 分。抢答题共 10 题，每题 5 分。各组在主持人念完题目，并说完“开始抢答”之后抢答。提前抢答无效，抢答成功后 10 秒内作答完毕，否则记 0 分。风险题：每组随机抽取 1 题回答，答对加 10 分，答错扣 10 分。各组可以选择不答题。

4. 各小组比赛时，老师根据表现给各位同学打分。比赛结束后，统计分数，选出优胜组和优秀个人。

（二）活动提示 / 活动成果

个人素质表

评价项目	分值	组员 1	组员 2	组员 3	组员 4	组员 5	组员 6
积极性	2						
精神面貌	1						
表达	3						
知识运用	4						
总分							

学习任务四：“屈原在我心”演讲比赛

屈原是端午节的一个文化符号，也是爱国主义精神的代表人物。深入了解屈原的生平事迹，体会他的爱国精神，具有重要意义。

（一）活动规则

1. 搜集屈原的生平资料，提炼主要论点。

2. 以小组为单位，紧紧围绕屈原的生平事迹与爱国精神这个主题进行演讲，时长控制在 6 分钟以内。

3. 由多名教师组成评委团，对各组演讲打分，并评定名次。

4. 可以使用短视频、图片、PPT 等辅助手段。

（二）活动提示 / 活动成果

“屈原在我心”演讲比赛分数统计表

小组	演讲题目	评分	名次

学习任务五：感受端午节的文化底蕴

诗歌是中国文学中的瑰宝，其节奏与韵律、遣词与意境无不深深镌刻着中文之美。关于端午节的古诗为数众多，它们展现了端午节的文化底蕴。

（一）活动规则

1. 广泛搜集关于端午节的古诗。

2. 以小组为单位进行汇总，各组选定其中的 10 首诗歌，并进行分类。

3. 各组按类别进行展示，可以使用短视频、图片、PPT 等辅助手段。

4. 由多名教师组成评委团，对各组展示打分，并评定名次。

（二）活动提示 / 活动成果

评分表

小组	评分	名次

学习任务六：一起包粽子

通过学习包粽子的手法、参与包粽子比赛，增强对集体的认同感。在比赛中还可以感受成功的喜悦，体验生活的乐趣。

（一）活动规则

1. 观看粽子制作视频，准备糯米、红枣、粽叶、棉线等原材料。

2. 请专业人员现场示范。

3. 划分小组，进行比赛。规定时间之内，制作粽子数量多且质量佳者获胜。

4. 粽子蒸熟后，一起食用。

（二）活动提示 / 活动成果

可以安排专人负责拍照或拍摄视频，留下美好回忆。

二、妙笔生辉　墨润心田

请完成以下字帖描红。

端午

［唐］文秀

节分端午自谁言，

万古传闻为屈原。

堪笑楚江空渺渺，
不能洗得直臣冤。

竞渡诗

［唐］卢肇

石溪久住思端午，
馆驿楼前看发机。
鼙鼓动时雷隐隐，
兽头凌处雪微微。
冲波突出人齐譀，
跃浪争先鸟退飞。
向道是龙刚不信，
果然夺得锦标归。

中秋团圆

一、励志砺学　知行合一

请从下面 6 个学习任务中至少选择 2 个并完成。

学习任务一：收集和整理各地中秋节习俗

中秋节是我国的传统节日，也叫仲秋节、祭月节、八月节等，在韩国、日本和越南等国家也较流行。现多认为中秋节于唐宋时开始盛行，明清时期已经成为中国的一大传统节日了。

（一）活动规则

1. 3~4 人为一组，分小组收集并整理小组成员家乡的中秋习俗。
2. 小组成员依次上台进行 1 分钟以内的关于家乡中秋习俗的介绍。
3. 以小组为单位，围绕家乡的中秋习俗制作一份手抄报。

（二）活动提示 / 活动成果

小组在进行家乡中秋习俗的收集和整理前，组长需和组员商量，做好组员分类（例如，让两位家乡同为一地的组员做一份关于当地中秋习俗的统计）。

学习任务二：讲述中秋团圆故事

“海上生明月，天涯共此时”，提到中秋节，大家会不约而同地被勾起回忆。在中秋节这天回到家，卸下沉重的背囊，看着最亲近的人屋里屋外进出、忙碌，一切都是那样的祥和美好……

（一）活动规则

1. 每位同学撰写一篇以“中秋节团圆”为主题的小作文。
2. 在班级开展主题作文分享，通过教师评价和班级投票进行评优。

（二）活动提示 / 活动成果

要求以真实经历撰写。可以灵活运用各种修辞手法，突出团圆主题。

学习任务三：中秋诗歌鉴赏

从古至今，许多诗人以“中秋”为题材写诗，有的诗婉约清冷，有的诗潇洒豪放。有诗人借明月寄相思，有诗人把酒赏月洒脱快活。

（一）活动规则

1. 3~5 人为一组，每小组收集 5 首以中秋为题材的诗并加以赏析。

2. 各小组商讨出最喜爱的一首诗并派出一位代表上台分享小组的感悟。

（二）活动提示 / 活动成果

可以利用网络进行诗句的搜索，赏析时注意结合诗人的写作背景，以便于更好地理解诗的内容。

学习任务四：抓拍中秋之美

中秋节对中国人来说具有特殊的意义，它是身在异乡的人们盼望的节日。随着时代的发展，手机和相机的普及给人们带来了便利。人们可以在遥远的异乡通过视频看到最亲近的人，也有很多人在团圆时刻用相机记录下那美好的瞬间。

（一）活动规则

1. 每个同学在中秋节假期时，用手机或者相机记录下你所认为的最美好的瞬间，选择最喜爱的几张在班级中分享。

2. 班级学生和老师进行投票，评出“最美中秋瞬间”。

（二）活动提示 / 活动成果

记录中秋节的美好瞬间时，可以注意下拍摄技巧，建议从网络搜寻拍摄小技巧，做好相关准备。

学习任务五：了解探月工程

“明月几时有？把酒问青天，不知天上宫阙，今夕是何年。”这是苏轼《水调歌头》中的名句。古时，人们常好奇月亮上到底住着谁，有哪些宫殿。月亮是人们“最熟悉的陌生人”，是那个每当夜幕降临总会出现在天空中的仰望。

月亮映照着苍茫大地，也让我们从中更好地认识自己。月球探测的每一个大胆设想、每一次成功实施，都是人类认识和利用星球能力的充分展示。

（一）活动规则

1. 查找资料，了解中国探月工程的计划和已取得的成就。

2. 填写“中国探月工程一览表”。

（二）活动提示 / 活动成果

中国探月工程一览表

时间	计划	已取得的成就

续表

时间	计划	已取得的成就

学习任务六：一起做月饼

古时候，人们有中秋祭月的习俗。每逢中秋，人们会在空旷地设一香案，在上面摆上月饼和水果等贡品，朝着月亮的方向祭拜，寄托美好的心愿。通过亲手制作月饼，可以进一步感受中秋文化和氛围。

（一）活动规则

1. 以小组为单位，观看月饼制作视频，查找与月饼有关的故事。
2. 在组长的安排下准备好食材、模具等。
3. 以小组为单位，制作不同馅儿的月饼。
4. 以小组为单位，展示本组制作的月饼，讲述一则跟月饼有关的故事。

（二）活动提示 / 活动成果

活动过程中、活动完成后，小组可以合影留念。

二、妙笔生辉　墨润心田

请完成以下字帖描红。

十五夜望月寄杜郎中

［唐］王建

中庭地白树栖鸦，
冷露无声湿桂花。
今夜月明人尽望，
不知秋思落谁家。

水调歌头

［宋］苏轼

丙辰中秋，欢饮达旦。大醉，作此篇，兼怀子由。

明月几时有？把酒问青天。不知天上宫阙，今夕是何年。我欲乘风归去，又恐琼楼玉宇，高处不胜寒。起舞弄清影，何似在人间。

转朱阁，低绮户，照无眠。不应有恨，何事长向别时圆？人有悲欢离合，月有阴晴圆缺，此事古难全。但愿人长久，千里共婵娟。